Gedichte für Kinder

Sammlung klassischer Reime und Gedichte

Herausgegeben von

Niels Hermann

...v.Kloeden

Titelbild: Bildagentur Fotosearch

Wielandstr.24, 10707 Berlin

Komm lieber Mai und mache die Bäume wieder grün
und lass an dem Bache die Veilchen wieder blühen.
Wie möchten wir so gerne die Blumchen wiedersehen.
Ach lieber Mai wie gerne wieder spazieren gehen.

Hopp, hopp, hopp,
Pferdchen lauf Galopp.
Über Stock und über Steine,
aber brich dir nicht die Beine.
Immer im Galopp,
hopp, hopp, hopp.

Brr, brr, he
Pferdchen bleib jetzt stehen,

kannst ja später weiter springen,
muss dir jetzt dein Futter bringen.
Steh doch, Pferdchen steh,
brr, brr, he.

Es regnet, es regnet,
der Vogel wird nass.
Bunt werden die Blumen
und grün wird das Gras.

Es regnet, es regnet,
der Vogel wird nass.
Wir sitzen im Trocknen,
was schadet uns das?

Kuckuck, Kuckuck ruft´s aus dem Wald.
Lasset uns singen, tanzen und springen.
Frühling wird´s bald.

Was wollen wir machen?
Auf dem Kopf stehn und lachen!
Was wollen wir spielen?
Auf dem Kopf stehn und schielen!

O Tannenbaum, o Tannenbaum,
wie grün sind deine Blätter.
Du grünst nicht nur zur Sommerzeit,
nein auch im Winter, wenn es schneit.

O Tannenbaum, o Tannenbaum,
du kannst mir sehr gefallen.
So oft hat mich zur Weihnachtszeit
ein Baum von dir mich hoch erfreut.

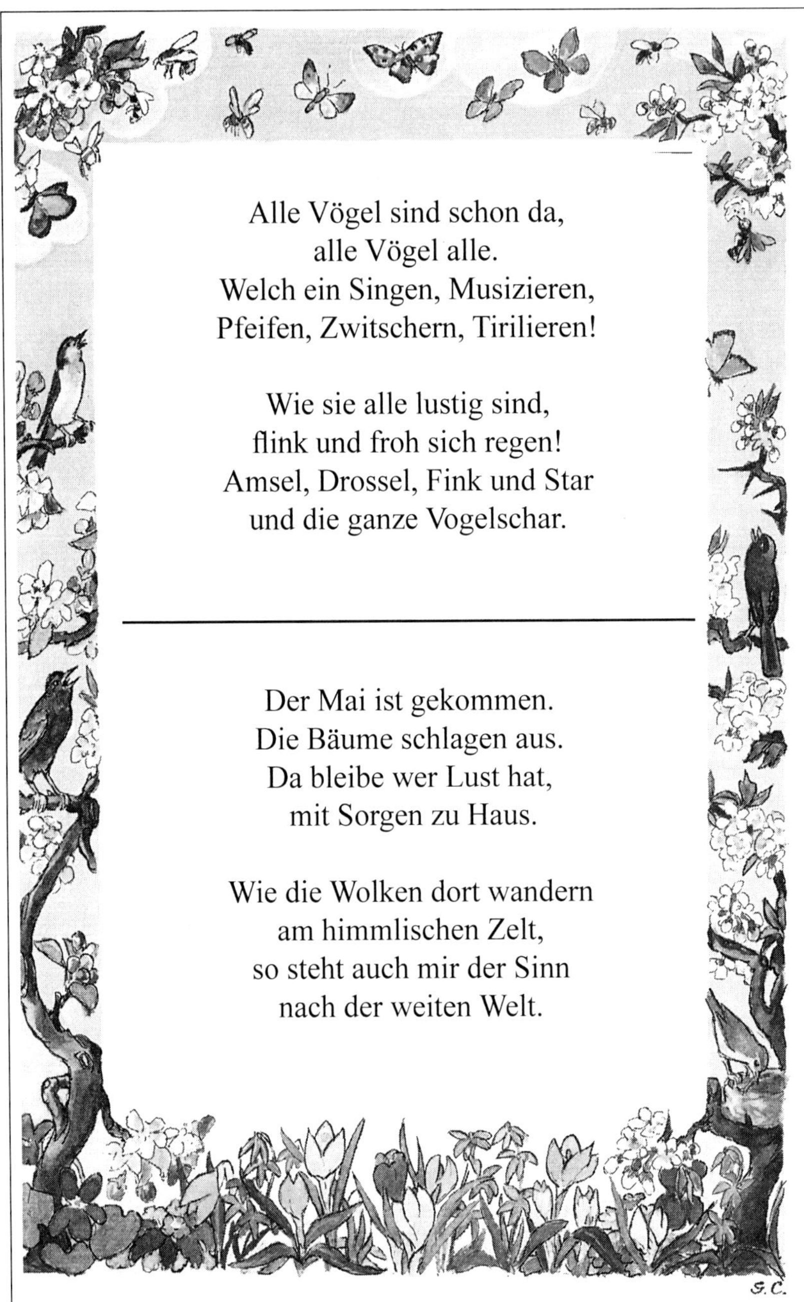

Alle Vögel sind schon da,
alle Vögel alle.
Welch ein Singen, Musizieren,
Pfeifen, Zwitschern, Tirilieren!

Wie sie alle lustig sind,
flink und froh sich regen!
Amsel, Drossel, Fink und Star
und die ganze Vogelschar.

Der Mai ist gekommen.
Die Bäume schlagen aus.
Da bleibe wer Lust hat,
mit Sorgen zu Haus.

Wie die Wolken dort wandern
am himmlischen Zelt,
so steht auch mir der Sinn
nach der weiten Welt.

Summm, summ, summ,
Bienchen summ herum.
Ei, wir tun dir nichts zuleide.
Flieg nur aus in Wald und Heide.

Summm, summ, summ,
Bienchen summ herum.
Such in Blumen und in Weiden
dir ein Tröpfchen in das Köpfchen.
Hoffmnn v.Fallersleben

Fuchs du hast die Gans gestohlen,
gib sie wieder her,
sonst wir dich der Jäger holen.

Liebes Füchslein lass dir raten,
sei doch nur kein Dieb.
Du bauchst keinen Gänsebraten,
nimm doch mit der Maus vorlieb.

Wenn ich ein Vöglein wär
und auch zwei Flügel hätt,
flög ich zu dir.
Weil´s aber nicht kann sein,
bleib ich allhier.

Obwohl ich bin weit von dir,
träum ich doch stets von dir.
Wach ich im Schlafe auf,
bin ich allein zu Haus.

Wer hat die schönsten Schäfchen?
Die hat der goldene Mond,
der hinter unseren Bäumen
am Himmel droben wohnt.

Er kommt am späten Abend,
wenn alles schlafen will,

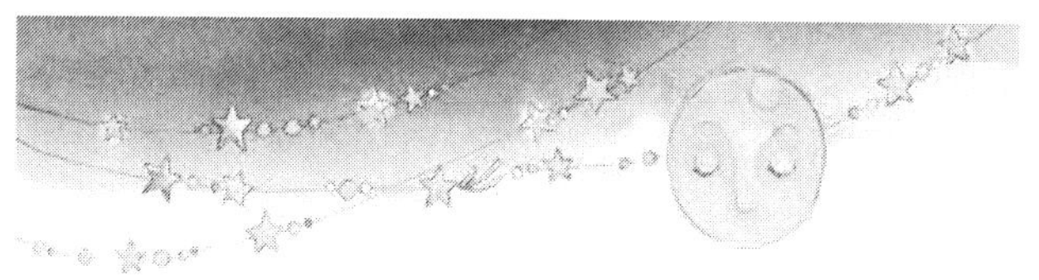

hervor aus seinem Haus
zum Himmel leis und still.
Dann weidet er die Schäfchen
in seiner Himmelswelt.

Am Brunnen vor dem Tore,
da steht ein Lindenbaum.
Ich träumt in seinem Schatten
so manchen schönen Traum.
Ich schnitt in seine Rinde
so manches liebe Wort.
Es zog in Freud und Leide
zu ihm mich immcrfort.

Die Zweige rauschten,
als riefen sie mir zu,
komm her zu mir du Knabe,
hier findest du die Ruh.

Alles neu macht der Mai.
Macht die Seele frisch und frei.
Kommt heraus aus dem Haus,
bindet einen Blumenstrauss.
Überall nur Sonnenschein,
über Flur und über Hain.
Vogelsang, Hörnerklang
tönt den Wald entlang.

Kommt ein Vogel geflogen.
Setzt sich nieder auf mein Fuß.
Hat ein Zettel im Schnabel
und vom Mädchen einen Gruß

Lieber Vogel fliege weiter.
Bring dem Mädchen einen Kuss,
denn ich kann dich nicht begleiten,
weil ich hier bleiben muss.

Sah ein Knab ein Röslein stehen,
Röslein auf der Heide.
War so jung und morgenschön.
Lief er schnell, es nah zu sehn.
Sah´s mit großer Freude.

Knabe sprach: „Ich breche dich,
Röslein auf der Heide.“
Röslein sprach: „Ich steche dich,
dass du ewig denkst an mich.“

Und der wilde Knabe brach´s
Röslein auf der Heide.
Röslein wehrte sich und stach.
Goethe

Schlaf, Kindlein schlaf.
Der Vater hüt die Schaf.
Die Mutter schüttelt´s Bäumelein,
da fällt herab ein Träumelein.
Schlaf, Kindlein schlaf.

Schöner Frühling komm doch wieder.
Lieber Frühling komm doch bald.
Bring uns Blumen, Laub und Lieder.
Schmücke wieder Feld und Wald.
Hoffmann v.Fallersleben

April, April,
kann machen, was er will.
Schien die Sonne hell noch eben,
wird es gleich noch Regen geben.
Schirme auf, Schirme zu,
denn es ändert sich im Nu.
Schnee kommt noch dazu.

Frühling lässt sein blaues Band
wieder flattern durch die Lüfte.
Süße wohlbekannte Düfte
streifen durch das Land.
Mörike

Mitten auf der Wiese
sitzt Luise
im grünen Gras.
Sie träumt sich in den Schlummer,
da kommt ein großer Brummer
und fliegt ihr auf die Nas.

Weg, weg du alter Brummer,
störst mich in meinem Schlummer.
„Was soll denn das?“
Der Brummer brummt gemütlich:
„Ach Lieschen, sei doch friedlich.
Ich mache ja nur Spaß!“
Emil Weber

Ringel, Ringel, Reihe,
wir sind der Kinder dreie.
Wir sitzen unterm Holderbusch
und rufen alle husch, husch, husch.

Beim Puppendoktor Wunderlich,
da ist es ganz absunderlich.
Der Puppen Heilung ist sein Amt
und wirklich heilt er allesamt.
Traudelchen für ihre Puppe,
erhält sie ein süße Suppe.
Der Rabe krächzt dazu:
„Wie steht´s?“
„Wie geht’s?“
Morgenstern

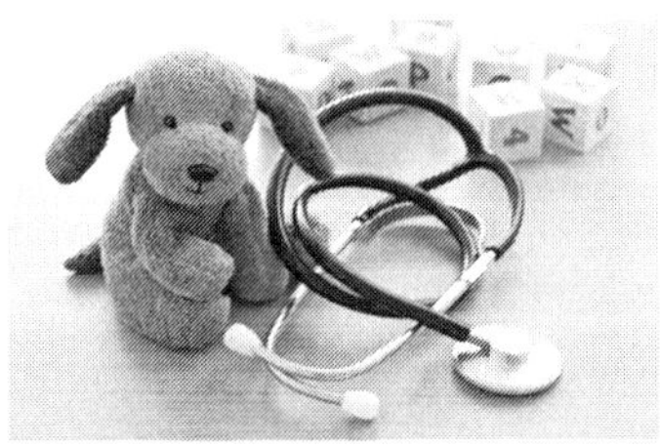

Ri ra Rumpelstiez,
wo ist der Schnauz, wo ist die Miez?
Der Schnauz, der liegt am Ofen
und leckt sich seine Pfoten.
Die Miez, die sitzt am Fenster
und leckt sich ihren Spenzer.

Rumpeldipumpel, schnaufi schnauf,
da kommt die Frau die Treppe rauf.
Was bringt die Frau dem Kätzchen?
Ein Wollknäuel mein Schätzchen!
Was bringt die Frau dem Hund?
Ein Halsband, bunt, sehr bunt.

Morgenstern

Es klapperten die Klapperschlangen,
bis ihre Klappern schlapper klangen.

Das ist der Daumen,
der schüttelt die Pflaumen,
der hebt sie auf,
der trägt sie nach Haus,
der kleine Schelm isst sie alle auf.

Ein kleiner Hund mit Namen Fips
erhielt vom Onkel einen Schlips,
aus gelb und roter Seide.

Die Tante hat dazu geschenkt
ihm noch ein Glöcklein angehängt,
zur Aug - und Ohrendweide.

Oh, war der kleine Hund da stolz.
Das merkte Kaufmann Hansi Scholz.
Der Fips, der grüßte sonst mit Schwanz,
nun ging er so vorbei, entspannt.

Morgenstern

Schlaf Kindlein, schlaf.
Es war einmal ein Schaf.
Das Schaf, das ward geschoren,
da hat das Schaf gefroren.
Da zog ein guter Mann
ihm seinen Mantel an.
Jetzt brauchts nicht mehr zu frieren,
kann froh herum spazieren.

Wie war zu Köln es doch vordem
mit Heinzelmännchen so bequem!
Denn, war man faul, man legte sich
hin auf die Bank und pflegte sich:
Da kamen bei Nacht, eh‘ man es gedacht,
Männlein und schwärmten und klapperten und lärmten
und rupften und zupften und hüpften und trabten
und putzten und schabten
und eh ein Faulpelz noch erwacht,
war all sein Tagewerk gemacht!

Die Zimmerleute streckten sich,
hin auf die Spän‘
und reckten sich.
Indessen kam die Geisterschar
und sah,
was da zu zimmern war.
Nahm Meißel, Beil und Säg‘ in Eil.
Sie sägten und stachen
und hieben und brachen,
berappten
und kappten,
visierten wie Falken
und setzten die Balken.
Eh sich‘s
der Zimmermann versah,

Wie war zu Cölln es doch vordem
Mit Heinzelmännchen so bequem.
Und eh ein Faulpelz noch erwacht
War all sein Tagewerk
bereits gemacht
18 AM 98
WORMS
Ach, dasz es doch wie damals wär!
Doch kommt die schöne Zeit nicht wieder her.
Kopisch.

klapp, stand das ganze Haus
schon da!

Beim Bäckermeister war nicht Not,
die Heinzelmännchen backten Brot,
die faulen Burschen legten sich,
die Heinzelmännchen regten sich
und hoben und schoben
und fegten und backten
und klopften und hackten.
Die Burschen schnarchten noch im Chor,
da rückte schon das Brot hervor!

Einst hatt' ein Schneider große Pein,
der Anzug sollte fertig sein.
Er legte sich hin auf das Ohr und pflegte sich.
Da schlüpften sie frisch
auf den Schneidertisch;
da schnitten und rückten
und nähten und stickten
und fassten und passten
und strichen und guckten
und zupften und ruckten
und eh das Schneiderlein erwacht,
war der Anzug schon gemacht.

Neugierig war des Schneiders Weib,
und machte sich den Zeitvertreib:
Streut Erbsen hin die nächste Nacht.
Heinzelmännchen kamen sacht.
Eins rutscht nun aus, schlägt hin im Haus,

sie gleiten von Stufen,
sie plumpsen in Kufen,
sie fallen mit Schallen,
sie lärmen und schreien,
und vermaledeien!
Sie springen hinunter raus aus dem Haus,
husch, husch, husch, und alles ist aus.
Kopisch

Ich weiß nicht, was soll es bedeuten,
dass ich so traurig bin;
ein Märchen aus alten Zeiten,
das kommt mir nicht aus dem Sinn.

Die Luft ist kühl und es dunkelt,
und ruhig fließt der Rhein;
der Gipfel des Berges funkelt
im Abendsonnenschein.

Die schönste Jungfrau sitzet
dort oben wunderbar.
Ihr goldnes Geschmeide blitzet,
sie kämmt ihr goldenes Haar.

Sie kämmt es mit goldenem Kamme

und singt ein Lied dabei.
Das hat eine wundersame,
gewaltige Melodei.

Den Schiffer im kleinen Schiffe
ergreift es mit wildem Weh.
Er schaut nicht die Felsenriffe,
er schaut Nur hinauf in die Höh.

Ich glaube, die Wellen verschlingen
am Ende Schiffer und Kahn,
und das hat mit ihrem Singen
die Lore-Ley getan.

Heine

Es war eine Mutter,
die hatte vier Kinder:
Den Frühling, den Sommer,
den Herbst und den Winter.

Der Frühling bringt Blumen,
der Sommer den Klee.
Der Herbst bringt die Trauben,
der Winter den Schnee.

Leise zieht durch mein Gemüt
liebliches Geläute.
Klinge, kleines Frühlingslied,
kling hinaus ins Weite.

Kling hinaus bis an das Haus,
wo die Blumen sprießen.
Wenn du eine Rose schaust,
sag, ich lass sie grüßen.

Heine

Der Mond ist aufgegangen.
Die goldenen Sterne prangen
am Himmel hell und klar.
Der Wald steht schwarz
und schweiget
und aus den Wiesen steiget
der weiße Nebel wunderbar.

Matthias Claudius

Ich ging im Wald
so für mich hin.
Nichts zu suchen,
war mein Sinn.

Im Schatten sah ich
eine Blume stehen.
Ich wollt sie brechen,
da sagt sie fein:
„Soll ich zum Welken
denn geboren sein?“

Ich grub´s
mit allen Wurzeln aus.
Zum Garten trug ich´s
hinterm Haus.
Und pflanzt es wieder
dort.

Goethe

Warum
ist die Banane krumm?
Wenn die Banane gerade wär,
dann wär es keine Banane mehr.

Weißt du, wieviel Sterne stehen
an unserem Himmelszelt?
Weißt du, wieviel Wolken gehen
weithin über alle Welt?

Weißt du, wieviel Mücken spielen
in der heißen Sonnenglut?
Wieviel Fische auch sich kühlen
in der klaren Wasserflut?

Weißt du, wieviel Kinder frühe
stehn aus ihrem Bette auf,
dass sie ohne Sorg und Mühe
fröhlich sind imTageslauf ?

Heile, heile Segen,
drei Tage Regen,
drei Tage Schnee-
tut schon nicht mehr weh.

ABC,
beißen mich die Flöh.
Beißen mich die Wanzen,
kann ich nicht mehr tanzen.

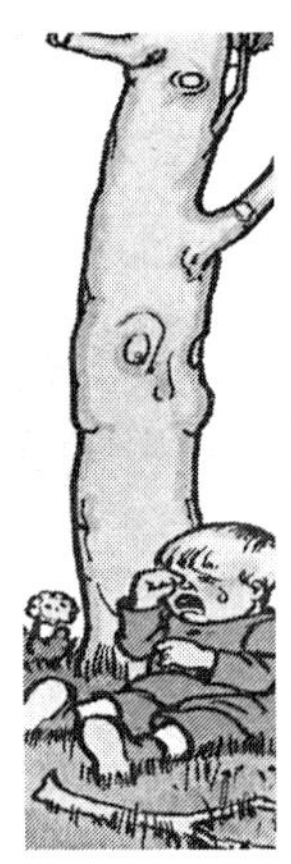

Es war einmal ein Mann,
der hatte einen Schwamm.
Der Schwamm war ihm zu nass,
da ging er auf die Gass.
Die Gass war ihm zu kalt,
da ging er in den Wald.
Der Wald war ihm zu grün,
da ging er nach Berlin.
Berlin war ihm zu groß,
da wurd er ein Franzos.
Franzos wollt er nicht sein,
da ging er wieder heim
zu seiner Frau Elise,
die kochte grad Gemüse.

Hänschen klein ging allein
in die weite Welt hinein.
Stock und Hut stehn ihm gut.

Aber Mutter weinte sehr,
hat ja nun kein Hänschen mehr.
Da besinnt sich das Kind,
kommt zurück geschwind.

Morgens früh um sechs
kommt die alte Hex.
Morgens früh um sieben
schabt sie rote Rüben.
Morgens früh um acht
geht sie auf die Wacht.
Morgens früh um neune
geht sie in die Scheune.
Morgens früh um zehn
holt sie trockene Spän.
Morgens früh um elfe
geht sie ins Gewölbe.
Morgens früh um zwölfe
kommt sie wieder raus.
Die Geschichte ist nun aus.

Ein Männlein steht im Walde,
ganz still und stumm.
Es hat von lauter Purpur
ein Mäntlein mit Punkten um.
Sagt, wer mag das Männlein sein,
das da steht im Wald allein?

Der Kuckuck und der Esel
hatten großen Streit,
wer wohl am besten sänge
zur schönen Maienzeit.

Der Kuckuck sprach:
„Das kann ich!“
Und fing gleich an zu schreien.
„Ich aber kann es besser“,
fiel gleich der Esel ein.

Das klang nicht schön noch lieblich,
weder von fern noch nah.
Sie sangen alle beide:
„KukuKuku Ia!“
Hoffmann v.Fallersleben

Die Vögel wollten Hochzeit machen
in dem grünen Walde.
Der Stieglitz war der Bräutigam,
die Amsel war die Braut.
Der Sperber, der Sperber,
war der Hochzeitswerber.
Die Lerche
führt die Braut zur Kerche.
Der Auerhahn
war der Kaplan.
Die Meise
singt das Kyrieleise.
Der Seidenschwanz
bracht den Hochzeitskranz.
Die Enten
waren die Musikenten.
Der Pfau mit seinem bunten Schwanz
macht mit der Braut den ersten Tanz.
Die Puten, ach die Puten,
machen lange Schnuten.

Die Taube
bracht der Braut die Haube.
Brautmutter war die Eule,
nahm Abschied mit Geheule.
Die Finkin bewegt die Klinken.
Der Uhu
macht die Fenster zu.
Die Fledermaus
zieht der Braut die Schuhe aus.
Frau Kratzefuß
gibt den Abschiedskuss.
Der Hahn, der krähet:
„Gute Nacht!“
Jetzt wird die Stube zugemacht.
Nun ist die Vogelhochzeit aus,
und alle ziehn vergnügt nach Haus.

Ri-ra-rutsch,
wir fahren mit der Kutsch.
Wir fahren über Stock und Stein.
Au! Da bricht dem Pferd ein Bein.
Au! Das war der Stein!

Es tanzt ein Bi-ba-Butzemann
in unserem Haus herum, dideldum.
Er rüttelt sich, er schüttelt sich.
Er wirft sein Säckchen hinter sich.

Spannenlanger Hansel, nudeldicke Dirn,
gehen wir in den Garten, schütteln wir die Birn.
Schüttel ich die großen, schüttelst du die klein´.
Wenn der Korb dann voll ist,
gehn wir wieder heim.

Backe, backe Kuchen,
der Bäcker hat gerufen.
Wer will guten Kuchen backen,
der muss haben viele Sachen:
Salz und Zucker
und viel Butter.
Milch und Mehl.
Safran macht den Kuchen gel.

Über allen Gipfeln
ist Ruh.
In allen Wipfeln
spürest du
kaum einen Hauch.
Die Vögel schweigen im Walde,
warte nur, balde
ruhest du auch.
Goethe

Hoppe, hoppe Reiter,
wenn er fällt, dann schreit er.
Fällt er in den Teich,
findet keiner ihn sogleich.
Fällt er in die Hecken,
fressen ihn die Schnecken,
fressen ihn die Mücken,
die vorn und hinten zwicken.
Fällt er in den Schnee,
tut ihm gar nichts weh.
Fällt er in den Graben,
holen ihn die Raben.
Fällt er in den Sumpf,
macht es einfach Plumps.

Liebe Sonne komm gekrochen,
denn mich friert´s an den Knochen.
Liebe Sonne komm gerannt,
denn mich friert die Hand.

Drei Rosen im Garten,
drei Tannen im Wald.
Im Sommer ist´s lustig,
im Winter ist´s kalt.

Ene bene Rätsel,
wer backt Brezel?
Wer backt Kuchen?
Der muss suchen.

Eins, zwei, drei, vier, fünf, sechs, sieben,
eine alte Frau kocht Rüben,
eine alte Frau kocht Speck
und du bist weg!

Ri ra rutsch,
wir fahren mit der Kutsch.
Wir fahren mit der Schneckenpost,
in der es keinen Pfennig kost.
Ri ra rutsch,
wir fahren mit der Kutsch.

„Ich glaub, wir geben einen Ball“,
sprach Frau Nachtigall.

„Ach so“, sprach der Floh.

„Was werden wir essen?“,
fragten die Wespen.

„Nudeln“,
sagten die Pudel.

„Was werden wir trinken?“,
fragten die Finken.

„Bier!“,
sagte der Stier.

„Nein!“,
sagrte das Schwein.

„Wo werden wir tanzen?“,
fragten die Wanzen.

„Im Haus!“,
sagte die Maus.

Himpelchen und Pimpelchen
gingen auf einen Berg.
Himpelchen war ein Heinzelmann
und Pimpelchen war ein Zwerg.
Sie blieben da oben lange sitzen
und wackelten mit den Zipfelmützen.
Doch nach langen Wochen
sind sie in den Berg gekrochen.

Ein Hund lief in die Küche
und stahl dem Koch ein Ei.
Da nahm der Koch den Löffel
und schlug das Ei entzwei.

Der Bäcker backt das Brot.
Schieb es rein, back es fein,
lass es nicht verbrennen,
damit wir´s essen können.

Fünf kleine Mäuschen
spitzen ihre Öhrchen,
wackeln mit den Schwänzchen.
Kommt der Kater Muck
husch, da sind sie weg.

Ich geh mit meiner Laterne
und meine Laterne mit mir.
Oben leuchten die Sterne
und unten leuchten wir.
Mein Licht ist aus.
Ich geh nach Haus.
Bimmel, bammel, rabumm.

Eine kleine Zipfelmütz
geht in unserem Kreis herum.
Dreimal drei ist neune,
ihr wisst ja, wie ich´s meine,
dreimal drei ist neun
und eins dazu ist zehn.
Zipfelmütz bleib stehen!
Sie schüttelt sich,
sie rüttelt sich,
sie wirft das Säckchen hinter sich.

Ding, Dong, Bell,
wer läuft denn da so schnell.
Es ist die schöne Käthe,
weil sie ist so späte,
die Käthe!

Eins, zwei, drei, vier, fünf,
gib mir die Strümpf.
Nicht zu groß und nicht zu klein,
sonst musst du der Fänger sein.

Bunt sind schon die Wälder,
gelb die Stoppelfelder
und der Herbst beginnt.
Rote Blätter fallen,
graue Nebel wallen,
kühler weht der Wind.
Johann Gaudenz

Eine kleine Dickmadame
fuhr mal mit der Eisenbahn.
Eisenbahn, die krachte.
Dickmadam, die lachte.

Was wollen wir machen?
Kopf stehen und lachen.
Was wollen wir spielen?
Kopf stehen und schielen.
Was wollen wir tun?
Kopf stehen und ruhn.

Warum
ist die Banane krumm?
Weil niemand in den Urwald zog
und die Banane gerade bog.

„Sausewind, Brausewind!
Deine Heimat sag geschwind.“
„Kind, wir fahren
seit vielen Jahren
durch die weite Welt.
Wir möchten erfragen,
die Antwort erjagen
bei den Bergen, den Meeren,
wer will es verwehren.“
Eduard Mörike

Salomo, der Weise, spricht:
„Laute Fürze stinken nicht.
Aber die so leise schleichen
stinken bis zum Steinerweichen.“

Ringel, ringel, reihe,
zwei Kinder und noch dreie.
Sitzen unterm Hollerbusch,
machen alle: husch, husch, husch.

Ilse Bilse,
keiner will sie.
Kam der Koch,
nahm sie doch,
weil sie so nach Zwiebeln roch.

Ich sitze da
und esse Klops.
Uff eemal kloppt´s.
Ick sitze,
kieke,
wundere mir.
Uff eemal is se uff die Tür.
Nanu denk ick,
ick denk nanu.
Jetzt iss se uff, erst war se zu
und ick jeh raus und kieke
und wer steht draußen? Icke!

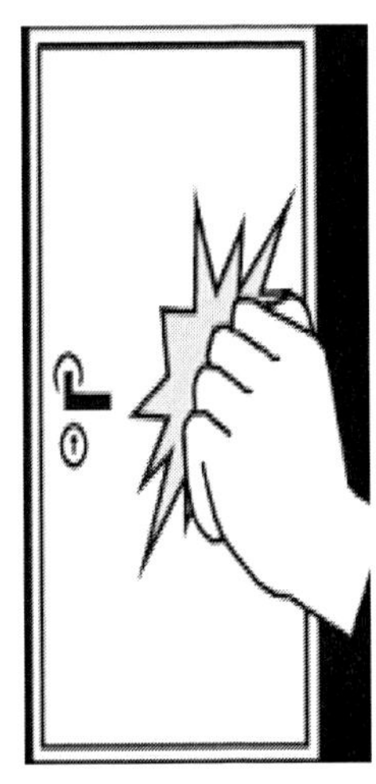

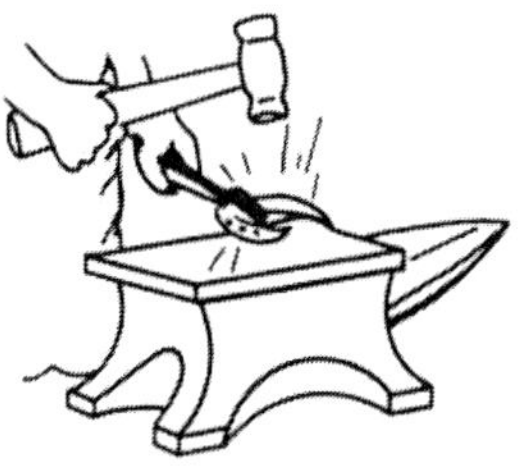

Schmied, Schmied,
nimm den Hammer mit:
Willst du einen Gaul beschlagen,
musst du einen Hammer haben.

Lampenputzer ist mein Vater
am Berliner Hoftheater.
Meine Mutter wäscht Klamotten
für die Hottentotten.
Meine Schwester, die Gertrude,
hat ne Selterswasserbude.
Und mein Bruder, dieser Lümmel,
qualmt Zigarettenstümmel.

Leise rieselt die Vier
auf das Zeugnispapaier.
Horcht nur, wie lieblich es schallt,
wenn Vater mir eine knallt.

Der Gockelhahn
fängt die Musik mit Krähen an,
die Hühner stimmen lustig ein,
die Gans will auch nicht stille sein.

Die Ziege meckert in dem Stall,
es blöken laut die Schafe all.
Es bellt der Hund,
es grunzt das Schwein.

Der Spatz mit hellem Klang
nimmt teil an dem Gesang.
Im tiefen Bass brummt dann dazu,
im Stall die braungefleckte Kuh.

Die Drescher in der Scheune dort,
sie schlagen flink in einem fort
den Takt dazu, dass es knallt
und über´s Dorf weithin erschallt.

Das quiekt und schreit, das pfeift und summt,
das klopft und grunzt, das blökt und brummt.
Ein dolles Stück,
die Dorfmusik.

Georg C. Dieffenbach

Im Frühtau zu Berge wir gehn, fallera.
Es grünen die Wälder, die Höhn, fallera.
Wir wandern ohne Sorgen, singend in den Morgen
noch eh im Tal die Hähne krähn.

Werft ab alle Sorgen und eure Qual,
und wandert mit uns aus dem Tal.
Wir sind gegangen, den Sonnenschein zu fangen.
Kommt und versucht es doch selbst einmal.

Petersilie Suppenkraut
wächst in unserem Garten.
Unser Lottchen ist die Braut,
kann nicht länger warten.

Ich bin der Doktor Eisenbart,
kurier die Leut auf meine Art:
Ich mach die Lahmen wieder sehen
und die Blinden wieder gehen.

Ringel rangel Rosen,
schöne Aprikosen,
Veilchen blau, Vergißmeinnicht,
alle Kinder setzen sich.

Steigt der Bube auf den Baum.
Ei, wie hoch, man sieht ihn kaum.
Schlüpft von Ast zu Ästchen,
hüpft zum Vogelnestchen.
Ui!
Da lacht er.
Hui!
Da kracht er
runter mit nem Plumps.

In Hamburg
lebten zwei Ameisen,
die wollten gerne verreisen.
Bei Altona
auf der Chaussee
da taten ihnen
die Beine weh.
Da verzichteten
sie weise
auf die Reise.
Ringelnatz

Im Baum, im grünen Bettchen,
hoch oben sich ein Apfel wiegt.
Er hat so rote Bäckchen,
man sieht´s dass er im Schlafe liegt.
Ein Kind steht unterm Baume
und schaut hinauf:
„Ach Apfel komm herunter,
hör mit dem Schlafen auf."
Da kommt die liebe Sonne
am Himmel hoch spaziert.
„Ach Sonne, liebe Sonne.
Mach dass der Apfel sich rührt!"
Die Sonne: „Warum nicht ?"
Sie wirft ihm Strahlen ins Gesicht.
Küsst ihn dazu freundlich.
Der Apfel aber rührt sich nicht.
Da kam der Wind!
Du kennst ihn schon!
Der küsst nicht,
der spricht nicht,
der pfeifft ein anderen Ton.

Er stemmt in beiden Seiten
die Arme, bläst die Backen auf
und bläst und bläst und richtig,
der Apfel wacht erschrocken auf,
und fällt vom Baum herunter.

Robert Reinick

© v.Ribbeck

Beim Ribbeck auf Ribbeck im Havelland,
ein Birnbaum in seinem Garten stand,
und kam die goldene Herbsteszeit
und die Birnen leuchteten weit und breit,
da stopfte, wenn's Mittag vom Turme scholl,
der Ribbeck sich beide Taschen voll,
und kam in Pantinen ein Junge daher,
so rief er: „Junge, wiste ne Beer?"
Und kam ein Mädel, so rief er: „Lütt Dirn,
kumm man röwer, ick hebb ne Birn."

So ging es viel Jahre, bis lobesam
der Ribbeck auf Ribbeck zu sterben kam.
Er fühlte sein Ende. Es war Herbsteszeit,
wieder lachten die Birnen weit und breit.
Da sagte der Ribbeck: „Ich scheide nun ab.
Legt mir eine Birne mit ins Grab."

Und drei Tage drauf, aus dem Doppeldachhaus,
trugen den Ribbeck sie hinaus.

Alle Bauern und Büdner mit Feiergesicht
sangen: „Jesus meine Zuversicht".
Die Kinder klagten, das Herze schwer:
„He is dod nu. Wer giwt uns nu ne Beer?"

So klagten die Kinder. Das war nicht recht.
Ach, sie kannten den alten Ribbeck schlecht.
Der neue freilich, der knausert und spart,
hält Park und Birnbaum strenge verwahrt.
Aber der alte, vorahnend schon
und voll Mißtraun gegen den Sohn,
der wußte genau, was damals er tat,
als um eine Birn' ins Grab er bat.

Und im dritten Jahr aus dem stillen Haus,
ein Birnbaumsprößling sproß heraus.
Die Jahre gingen wohl auf und ab,
längst wölbt sich ein Birnbaum über dem Grab.
Und in der goldenen Herbsteszeit
leuchtet's wieder weit und breit.
Und kommt ein Jung' übern Kirchhof her,
So flüstert's im Baume:
»Wiste ne Beer?"
Und kommt ein Mädel, so flüstert's: „Lütt Dirn,
kumm man röwer, ick gew' di ne Birn."
So spendet Segen noch immer die Hand
des von Ribbeck auf Ribbeck im Havelland.

Theodor Fontane

Blaue Augen sind eine Zier,
braune hat jeder Stier.
Braune Augen sind ein Schatz,
graue hat jede Katz.

Steht eine Kirche im Dorf,
und ein Weg daran vorbei.
Die Hühner, die machen
am Weg ein Geschrei.

Die Tauben flattern
oben am Dach.
Die Enten schnattern
unten am Bach.

Auf der Brücke ein Junge,
der singt, dass es schallt.
Kommt ein Wagen gefahren.
Der Fuhrmann, der knallt.

Ein Wagen voll Heu
kommt von der Wiese.
Oben auf
sitz der Hans und die Liese.

Die jodeln und jauchzen
lachen all beid.
Das klingt durch den Abend.
Es ist eine Freud.

Robert Reinick

Laterne, Laterne,
Sonne, Mond und Sterne,
Geh auf mein Licht,
geh auf mein Licht,
nur brenne meine Laterne nicht.

Rot, rot, rot sind alle meine Kleider,
rot, rot trägt Jedermann.
Drum lieb ich Fleisch, das rot ist,
weil mein Schatz ein Fleischer ist.

Grün, grün, grün sind alle meine Kleider,
grün, grün trägt Jedermann.
Darum lieb ich auch was grün ist,
weil mein Schatz ein Gärtner ist.

Ein Mann geht über eine Brücke
mit einem schweren Sack im Rücken.
Er stößt an den Pfosten,
doch der Pfosten, der kracht,
der Pfosten der bricht,
der Mann sieht es nicht
und plumpst in den Bach.
Der Mann, der lacht!

Ich ging einmal nach Butzlabee,
und kam an einen großen See.
Kam zum Mühlenhaus,
da schauten drei Hexen zum Fenster raus.
Die erste sprach: „Komm iss mit mir!“
Die zweite sprach: „Komm trink mit mir!“
Die dritte nahm den Mühlenstein
und warf ihn mir ans linke Bein.
Da schrie ich laut: „Oweh, Ohweh!“
Ich geh nicht mehr nach Butzlabee.

Manntje, Manntje, Timpe Te
Buttje, Buttje in der See.
Meine Frau, die Ilsebill,
will nicht so, wie ich es will.

In unserem Häuschen
sind schrecklich viel Mäuschen.
Sie kribbeln und krabbeln,
sie trippeln und trappeln
auf Tischen und Bänken
auf Stühlen und Schränken.
Sie stehlen und naschen
und will man sie haschen,
husch, sind sie fort.

Konzert ist heute angesagt
im grünen Wald.
Die Musikanten üben schon,
hör, wie es schallt.
Das jubiliert
und musiziert,
das schmettert und das schallt,
das geigt und singt,
das pfeifft und klingt
im grünen Wald.

Der Distelfink spielt Violin,
der Buchfink begleitet ihn.
Die Nachtigall singt hell und zart.
Der Hänfling spielt auf seine Art.

Die Drossel spielt die Klarinett.
Der Rab begleitet das Duett.
Der Kuckuck schlägt die Trommel.
Die Lerche steigt empor
und jubelt mit im Chor.

Verwundert hören Has und Reh
das Fiedeln und das Juchhe.
Das schmettert und das schallt
im grünen Wald

Georg C. Dieffenbach

Liese in den Garten trat.
Sie war klein und niedlich.
Saß ein Hase im Salat,
schmaust und tat sich gütlich.

Liese sprach: „Du armes Tier,
warte nur, ich lauf ins Haus
und hole dir
den Essig."

Kommt zurück schon mit dem Krug.
Essig hat sie jetzt genug.

„Lieselchen, ich danke dir",
sprach der kleine Fresser.
„Ohne Essig schmeckt es besser."
Johannes Trojan

Such ich hier,
such ich dort,
unter allen
wird nur einer mir gefallen.

Mäuslein stehlen, naschen Speck,
sehn die Katz nicht, versteckt.
Leise kommt die Katze -
fängt die Maus mit einem Satze!

Frissgeschwind heißt mein Kind.
Kegelbahn heißt mein Mann.
Machmirsrecht heißt der Knecht.
Unverzagt heißt die Magd.
Guckheraus heißt das Haus.
Nachtigall heißt der Stall.
Trappinsmoos heißt das Ross.
Micklemuh heißt die Kuh.
Tschilptschalp heißt das Kalb.
Schwarzundweiß heißt die Geiß.
Schmorsofein heißt das Schwein.
Höllenschlund heißt der Hund.
Sammettatz heißt die Katz.
Hüpfinstroh heißt mein Floh.
Wackelschwanz heißt die Gans.

Es regnet, es regnet,
die Erde wird nass.
Wir sitzen im Trocknen,
das macht Spaß.

Didel, didel, dum,
die Katze macht sich krumm.
Der Hund schaut ganz genau
und sagt nicht viel, nur „Wau!“

Dreh dich um widebum,
ich kenn dich nicht.
Nein, du bist es nicht.
Scher dich fort
von diesem Ort.

Mieter vier im Haus
hat die alte Buche.
Tief im Keller wohnt die Maus,
nagt am Hungertuche.

Stolz auf seinen braunen Rock
und den angesparten Samen,
sitzt ein Protz im ersten Stock,
Eichhorn ist sein Name.

Weiter oben hat der Specht
seine Werkstatt liegen,
hackt und zimmert baumgerecht,
dass die Späne fliegen.

Auf dem Wipfel im Geäst
pfeifft ein kleiner
Musikante froh im Nest.
Miete zahlt nicht einer.

Rudolf Baumbach

Ich bin ein kleines Eselchen
und wandre durch die Welt.
Ich wackle mit dem Hinterteil,
so wie es mir gefällt.
Ia, ia, ia, ia, ia.

April! April!
Der weiß nicht, was er will.
Bald lacht der Himmel klar und rein,
bald schaun die Wolken düster drein,
bald Regen und bald Sonnenschein.

O weh! O weh!
Nun kommt er noch mit Schnee
und schneit so in den Blütenbaum.
Ganz greulich ist´s, man glaubt es kaum.
Heut Frost und gestern Hitze,
heute Reif und morgen Blitze.
Das sind so seine Witze.
Hurra! Hurra!
Der Frühling ist doch da!

Heinrich Seidel

Es kommt ein Bär!
Wo kommt er her?
Wo will er hin?
Es macht Klimbim.

Rote Kirschen ess ich gern,
schwarze noch viel lieber.
Gib mir welche ab.
Morgen kriegt´s sie wieder

Holder Engel Pumpenschwengel,
heißgeliebtes Trampeltier.
Du hast Augen wie Sardellen,
alle Ochsen gleichen dir.
Du bist gerührt wie Apfelmus
und grünlich wie Spinat.
Dein Herz schlägt wie ein Pferdefuß,
wenn du Geburtstag hast.

Kein Feuer, keine Kohle
kann brennen so heiß,
als heimliche Liebe,
von der niemand etwas weiß.

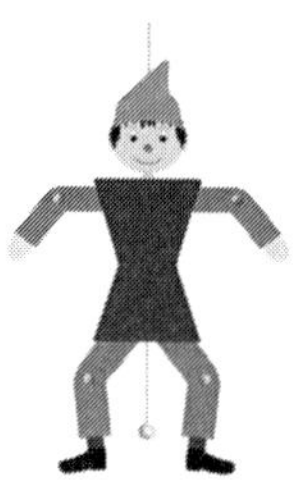

Hampelmann, Hampelmann
hat ein buntes Röcklein an,
hint und vorn mit Schellen.
Als er auf die Straße kam,
fingen Hunde an zu bellen.

Keine Rose, keine Nelke
kann blühen so schön,
als wenn zwei Verliebte
beieinander stehen.

Die Kröte kroch mit Schnaufen
auf einen Maulwurfhaufen.
Sie sah sich um, von Stolz geschwellt:
Wie groß ist doch die Welt!

Es war einmal ein Mops,
der ging auf allen Vieren
beim Mondenschein spazieren.
Da kam ein Graben und hops,
schon sprang der dicke kleine Mops.
Hinüber, meint ihr? Nein!
Er sprang zu kurz und fiel hinein.

Rotkhehlchen auf dem Zweige hupft,
hat sich ein Beerlein abgezupft.
Lässt sich zum klaren Bach hernieder,
stippt Schnabel ein und hebt ihn wieder.
Es singt und piepst
ganz allerliebst.
Wilhelm Busch

Ziehe durch, ziehe durch,
durch die goldene Brücke!
Sie ist entzwei, sie ist entzwei,
wir wollen sie wieder flicken.
Ziehet durch, ziehet durch!
Den letzten wollen wir fangen.

„Ist die gute Köchin da?“
„Nein, nein, nein.“
Dreimal muss ich rummarschieren,
viertes Mal den Stock verlieren,
fünftes Mal komm mit,
dann sind wir quitt.

Wie hat sich sonst so schön der Hahn
auf unserem Turm gedreht
und damit jedem kundgetan,
woher der Wind geweht.

Doch nach dem letzten Sturme hat
er keinen rechten Lauf;
er hängt so schief, er ist so matt,
denn keiner schaut mehr drauf.

Wilhelm Busch

Zwei Tannenwurzeln groß und alt
unterhalten sich im Wald.

Was droben in den Wipfeln rauscht,
wird redsam ausgetauscht.

Ein kleines Eichhorn sitzt dabei
und strickt ne Decke für die zwei.

Die eine sagt : „knig“.
Die andere sagt „knag“.
Das ist genug
für einen Tag.

Christian Morgenstern

Hans der Koch
hat alles, was er will,
und was er will, das hat er nicht,
und was er hat, das will er nicht.

„Macht auf das Tor, macht auf das Tor,
wir kommen mit unserem Wagen.“
„Wer sitzt darin?“ „Wer sitzt darin?“
„Das will ich euch nicht sagen.“

Es war einmal ein braves Huhn.
Das legte, wie es Hühner tun,
an jedem Tag ein Ei.
Und kakelte,
mirakelte,
spektakelte,
als ob´s ein Wunder sei.

Im Teich dabei ein Karpfen saß
und stillvergnügt sein Futter fraß.
Der hörte das Geschrei:
Wie es kakelte
mirakelte,
spektakelte,
als ob´s ein Wunder sei.

Der Karpfen sprach: „Ei!“
„Alljährlich leg ich ne Million
und rühm mich dessen mit keinem Ton.
Wenn ich um jedes Ei
so kakelte,
mirakelte,
spektakelte,
was gäb das für ein Geschrei!“
Heinrich Seidel

Oben auf dem Berge
liegt ein blauer Stein.
Wer den Stein verloren hat,
der soll der Finder sein.

A B C
beißen mich die Flöh.
Beißen mich die Wanzen,
kann ich nicht mehr tanzen.

Ein Knabe und ein Mädchen,
die haben Namen wunderlich.
Dreht man sie wie ein Rädchen,
liest man sie vor und hinter sich.
Sie lauten gleich, so oder so.
Drum rate nun von A bis O.

In einem kleinen Dorfe
da gab es einen Sturm.
Da zankten sich fünf Hühnerchen
um einen Regenwurm.

Und als kein Wurm mehr war zu sehen,
da sagten alle „Piep!“
Da hatten die fünf Hühnerchen
einander wieder lieb.

Viktor Blüthgen

Eins, zwei, drei,
alt ist nicht neu,
neu ist nicht alt,
warm ist nicht kalt,
kalt ist nicht warm
und du bist mein Schwarm.

Die Lotte kann ihr Köpfchen drehen.
Die Lore kann ganz gerade stehen.
Die Dorle kann ein Knicks´chen machen.
Der Franz, der kann nun richtig lachen.

Was sind das alles nur für Sachen?

Kinder kommt und ratet,
was im Ofen bratet!
„Hört, wie es knallt und zischt!“
Bald wird aufgetischt,
der Zipfel, der Zapfel,
der Kipfel, der Kapfel,
der gelbrote Apfel.

„Kinder lauft schneller,
holt einen Teller,
holt eine Gabel!“
„Sperrt auf den Schnabel
für den Zipfel, den Zapfel,
den Kipfel, den Kapfel
den knusprigen Apfel.“

Fritz+Emily Koegel

Eins, zwei, drei,
alt ist nicht neu,
sauer ist nicht süß,
Hände sind ka Füß,
Füß sind ka Hände.
Das ist das Ende.

Heute ist das Wasser warm,
heute kann´s nicht schaden,
schnell hinunter an den See!
Heute gehn wir baden!

Eins, zwei, drei- die Hosen aus,
Stiefel, Hemd und Wäsche!
Und dann plumps ins Wasser rein!
Gerade wie die Frösche!

Und der schönste Sonnenschein
brennt uns nach dem Bade,
Brust und Rücken edelbraun,
fast wie Schokolade!

Adolf Holst

Ein Turm ohne Glocken,
Suppen ohne Brocken,
Schuster ohne Leder,
Schreiber ohne Feder,
Schmied ohne Feuer,
das wird teuer.

Holler, holler, Rumpelsack,
Niklas trug sie huckepack,
Weihnachtsnüsse gelb und braun,
runzlig, punzlig anzuschauen.

Knackt die Schale, springt der Kern:
Weihnachtsnüsse ess ich gern.
Komm bald wieder in das Haus,
alter guter Nikolaus!
Albert Sergel

Ach du lieber Augustin,
alles ist hin.
Geld ist weg,
Mädel ist weg,
Oh, du lieber Augustin, alles ist hin.

Oh, du lieber Augustin
alles ist hin.
Rock ist weg, Stock ist weg.
Augustin liegt im Dreck ...

Seht den alten Hampelmann,
wie der hampeln, strampeln kann.
Alle Damen, alle Herren,
alle hampeln, strampeln gern.

Wer mit Feuden wandern will,
der geh der Sonn entgegen.
Da ist der Wald so still,
kein Lüftchen mag sich regen.
Die Lerchen sind kaum wach,
leise murmelt der Bach.

Und plötzlich lässt die Nachtigall
im Baum ihr Lied erklingen.
In Berg und Tale steigt der Schall
und lässt sich aufwärts schwingen.
Der Morgenröte heller Schein
stimmt strahlend da mit ein.

Emanuel Geibel

„Eins, zwei, drei, vier, fünf, sechs, sieben,
wo bist du so lang geblieben?“
„Bei dem Schuster mit dem Tick,
der hat meinen Schuh geflickt.“

Lange Ohren, Schnuppernase,
ist das nicht der Osterhase?
Hüpf, hüpf,
kommt er übers Gras gehüpft.

Am Waldessaume träumt die Föhre.
Am Himmel weiße Wolken nur.
Es ist so still, dass ich sie höre,
die tiefe Stille der Natur.

Sonnenschein auf Wies´und Wegen,
die Wipfel stumm, kein Lüftchen wach
und doch es klingt als ström ein Regen
leis tönend auf das Blätterdach.

Theodor Fontane

A B C D E,
der Kopf tut weh.
F G H I K,
der Doktor ist da.
L M N O,
da bin ich aber froh.
P Q R S T,
Juchhe, Juchhe!
U V W X,
mir fehlt jetzt nix.
Y Z,
ab gehts ins Bett.

Bunt sind schon die Wälder,
gelb die Stoppelfelder
und der Herbst beginnt.
Rote Blätter fallen,
graue Nebel wallen,
kühler weht der Wind.

Wie die volle Traube
aus der Rebelaube,
purpurfarbig strahlt.
Am Geländer reifen
Pfirsiche mit Streifen,
rot und weiß bemalt.

Flinke Jungen springen
und die Mädchen singen.
Bunte Bänder schweben
zwischen hohen Reben.
Geige tönt und Flöte
bei der Abendröte.

Johann Gaudenz

A B C
die Katze lief im Schnee.
Als sie wieder kam,
hat sie weiße Stiefel an.
Kaum war der Schnee weg,
da lief die Katz im Dreck.

Dunkel war´s, der Mond schien helle,
Schnee lag auf der grünen Flur,
als ein Wagen blitzesschnelle
langsam um die Ecke fuhr.
Drinnen saßen stehend Leute,
schweigend im Gespräch vertieft,
als ein toter Hase
auf der Sandbank Schlittschuh lief.

Zwischen Brix und Komotau,
da tanzen die Ziegen auf Stelzen,
da haben die Kühe Pantoffeln an,
so etwas sieht man selten.

Schnipp, schnapp, schnule,
wir sitzen in der Schule.
Der Lehrer hat ein Stöckchen,
klopft damit jedes Böckchen.

Wir falten brav die Hände.
besehen uns die Wände.
Wenn wir mal durch das Fenster sehen,
müssen wir in der Ecke stehen.
Koegel

Die Enten lernen schnattern,
die Fledermäuse flattern,
die Hähne lernen krähen,
die Schaf und Lämmer bäen,
die Tauben lernen fliegen,
es meckern alle Ziegen.
Die Stare lernen plappern,
die jungen Störchen klappern,
das Mausen und Haschen lernt´s Kätzchen,
das Schmausen und Naschen das Spätzchen.
Die Alten zeigen, wie sie es gemacht,
die Jungen folgen und geben acht.

Die Bienen lernen sparen,
arbeiten und verwahren,
die Spinne lernt weben,
der Schmetterling lernt schweben,
die Fische lernen schwimmen,
Eichhörnchen lernt klimmen.
Das Brüllen lernt Kälbchen,
das Bauen lernt Schwälbchen,
und Buchfink, Lerch und Nachtigall,
die lernen ihren Liederschall.

Rudolf Löwenstein

Die linden Düfte sind erwacht.
Sie säuseln, wehen Tag und Nacht.
O frischer Duft, o neuer Klang!
„Nun atme durch und sei nicht bang!“

Die Welt wird schöner Tag für Tag.
Man weiß nicht, was noch kommen mag.
Das Blühen will nicht enden.
Es blüht im fernsten, tiefen Tal.
Vorbei die Trauer, vorbei die Qual.
Nun muss sich alles, alles wenden.
Ludwig Uhland

Im Winter, wenn es friert,
im Winter, wenn es schneit,
dann ist der Weg zur Schule
nochmal so weit.

Und wenn der Kuckuck ruft,
dann ist der Frühling da,
dann ist der Weg zur Schule
nochmal so nah.
Hoffmann von Fallersleben

O Täler weit, o Höhen,
o schöner, grüner Wald,
du meine Freud, mein Sehnen,
andächtiger Aufenthalt!

Wenn es beginnt zu tagen,
die Erde dampft und blinkt,
die Vögel lustig schlagen,
dass dir dein Herze klingt.
Joseph v.Eichendorff

Wem Gott will rechte Gunst erweisen,
den schickt er in die weite Welt;
dem will er seine Wunder weisen
in Berg und Wald und Tal und Feld.
Die Bäche von den Bergen springen,
die Lerchen schwirren hoch und singen.
Joseph v.Eichendorff

Ene mene Tintenfass,
geh zur Schul und lerne was.
Ene mene Sapperlix,
bleib daheim und lerne nix.

Der Bauzer schickt den Jockel raus,
er soll den Hafer schneiden.
Der Jockel schneidet den Hafer nicht
und kommt auch nicht nach Haus.

Da schickt der Bauer den Pudel raus,
er soll den Jockel beißen.
Der Pudel beißt den Jockel nicht,
der Jockel schneidet den Hafer nicht
und kommt auch nicht nach Haus.

Da schickt der Bauer den Prügel raus,
er soll den Pudel schlagen.
Der Prügel schlägt den Pudel nicht,
der Pudel beißt den Jockel nicht,
der Jockel schneidet den Hafer nicht
und kommt auch nicht nach Haus.

Da geht der Bauer selbst hinaus
und macht nun selbst ein Ende draus.

Lirum, larum, Löffelstiel,
wer nichts lernt,
der kann nicht viel.

Das Wandern ist des Müllers Lust,
das Wandern!
Das muss ein schlechter Müller sein,
dem niemals fiel das Wandern ein,
das Wandern.

Vom Wasser haben wir´s gelernt,
vom Wasser!
Das macht nicht Rast bei Tag und Nacht,
ist stets auf Wanderschaft bedacht,
das Wasser.

Das sehen wir auch den Rädern ab,
den Rädern!
Die gar nicht gerne stille stehn,
und sich den ganzen Tag lang drehn,
die Räder.
Wilhelm Müller

Die kleine Tittelmaus,
lebt in einem Winzighaus.
Sie fängt sehr gerne Fische
und isst sie dann bei Tische.

Zehn Zwerge klein,
schliefen in der Scheun.
Einer ging im Heu verloren, da waren´s nur noch neun.
Neun Zwerge klein, gingen auf die Jagd.
Da hat sich einer totgeschossen, da waren´s nur noch acht.
Acht Zwerge klein, gingen Kegel schieben.
Da hat sich einer totgeschoben, da waren´s nur noch sieben.
Sieben Zwerge klein, gingen zu der Hex.
Da hat sie einen aufgefressen, da waren´s nur noch sechs.
Sechs Zwerge klein, gingen in die Sümpf.
Der eine blieb dort stecken, da waren´s nur noch fünf.
Fünf Zwerge klein, tranken gerne Bier.
Da hat sich einer totgesoffen, da waren´s nur noch vier.
Vier Zwerge klein, kochten einen Brei.
Da hat sich einer totgegessen, da waren´s nur noch drei.
Drei Zwerge klein, reisten zur Türkei.
Da wurde einer bald vermisst, da waren´s nur noch zwei.
Zwei Zwerge klein, gingen zum Schreiner.
Da wurde einer weggemopst,
da war es nur noch einer.
Ein Zwerg klein, fuhr in einer Kutsch.
Die Kutsche ist zerbrochen,
nun waren alle futsch.

Mal rechnen wir, mal lesen wir,
mal spielen wir draußen rum,
mal schreiben wir, mal malen wir,
wer lernt, der bleibt nicht dumm.

Mal singen wir, mal turnen wir,
mal hör´n wir Märchen an.
Mal bauen wir, mal schauen wir,
wer selbst erzählen kann.
U.W.Ullmann

Ich bin der Peter,
du bist der Paul.
Ich bin fleißig,
du bist faul.

Meister Koch
fiel ins Loch,
aber tief
und er rief.:
„Liebe Frau,
komm ins Haus,
zieh mich raus."

In einem Bächlein helle,
da schoss in froher Eil
die muntere Forelle,
vorüber wie ein Pfeil.

Ein Angler mit der Rute
an Baches Ufer stand
und sah mit kaltem Blute,
wie sich der Fisch so wand.
Das Wasser war so helle,
da dachte ich,
so fängt er die Forelle
mit seiner Angel nicht.

Christian F.Schubart

Eins, zwei, drei,
eine Biene fiel in Brei.
Plumsdibums,
dideldumdei!

Alle Käfer drum herum,
lachten sich krumm,
brumm, brumm.

G.v.Bassewitz

In einem Strauch
da sitzen drei Spatzen, Bauch an Bauch.

Der Erich rechts und links der Franz
und mitten drin der freche Hans.

Sie haben die Augen zu, ganz zu,
denn über ihnen schneit es , hu!

Sie rücken zusammen, dicht an dicht.
So warm wie der Hans hats niemand nicht.
Christian Morgenstern

Eins, zwei, drei,
alt ist nicht neu,
neu ist nicht alt,
warm ist nicht kalt,
kalt ist nicht warm,
reich ist nicht arm.

Einz, zwei, drei,
alt ist nicht neu,
arm ist nicht reich,
hart ist nicht weich,
frisch ist nicht faul,
Ochs ist kein Gaul.

Du bist wie eine Blume,
so hold, so schön, so rein.
Ich schau dich an und Sehnsucht
weht in mein Herz hinein.

Mir ist, als ob ich meine Hände
auf's Haupt dir legen sollt.
Bittend, dass Gott dich erhalte
so schön, so rein, so hold.
Heinrich Heine

Ich und du,
Müllers Esel,
das bist du.

Fünf, sechs, sieben,
auf dem Berge drüben
steht ein Schloss mit Zinnen,
wohnt ein Riese drinnen.
Fällt der Ries den Berg hinab,
bricht er sich die Beine ab.

Eichen, Buchen, Tannen,
und du musst fangen.

Singet leise, leise, leise.
Singt ein flüsternd Wiegenlied
von dem Monde lernt die Weise,
der so still am Himmel zieht.
Clemens Brentano

Wenn die Schwalben niedrig fliegen,
werden wir bald Regen kriegen!
Wenn die Mücken gerne stechen,
wird man bald vom Donner sprechen.
Kriecht der Laubfrosch auf die Leiter,
wird das Wetter wieder heiter.

Im Mai fällt ein Regen
und der Regen macht nass.
Meine Haare, die Kleider,
die Blumen und das Gras.

Die Vögel weinen,
doch die Maus lacht dazu.
Mich friert´s an den Beinen,
so nass sind meine Schuh.

Komm lass uns tanzen,
die Musik macht die Maus.
Sind die Schuhe dann trocken,
gehen wir fröhlich nach Haus.

Wir Vögel haben´s wirklich gut,
wir fliegen, hüpfen, singen.
Wir singen frisch und wohlgemut,
dass Wald und Feld erklingen.

Wir sind gesund und sorgenfrei,
und finden, was uns schmeckt.
Wohin wir fliegen, wo´s auch sei,
ist unser Tisch gedeckt.

Ist unser Tageswerk vollbracht,
dann zieh´n wir in die Bäume.
Wir ruhen still und sanft die Nacht
und haben schön Träume.

Und weckt uns früh der Sonnenschein,
dann schwingen wir´s Gefieder.
Wir fliegen in die Welt hinein
und singen unsere Lieder.

Hoffmann v.Fallersleben

Ene mene mintzen,
wer backt Plinzen?
Wer backt Kuchen,
der muss suchen.

Aus Eins mach Zehn
und Zwei lass gehen.
Und Drei mach gleich,
so bist du reich.
Verlier die Vier!
Aus Fünf und Sechs,
so sagt die Hex,
mach Sieben und Acht,
dann ist´s vollbracht.
Und Neun ist Eins,
und Zehn ist keins.
Das ist das Hexen-Einmaleins!
Goethe

Duudeldu,
die Frau verlor den Schuh.
Der Mann verlor den Hut.
Das fand er gar nicht gut.

Wenn der Nordwind bläst
und der Schnee kommt und geht,
der Spatz sich versteckt,
nicht unter die Deck.
Er hebt nur die Flügel,
mit Federn daran.
Köpfchen darunter, da hat er es warm.

Im Land der Zwerge
sind Ameisenhaufen Berge,
das Sandkorn ist ein Felsenstück,
der Seidenfaden ist ein Strick,
die Nadel ist da eine Stange,
ein Würmchen ist da eine Schlange,
als Elefant gilt da die Maus,
der Fingerhut ist da ein Haus.
Die Fenster sind wie Nadelöhre,
ein Glas voll Wasser wird zum Meere.

Im Land der Riesen
nähen Schneider mit Spießen,
da stricken die Mädchen mit Stangen,
da füttert man Vögel mit Schlangen,
da malen mit Besen die Maler,
da macht man wie Kuchen die Taler,
da schießt man Mücken mit Pfeilen,
da webt man den Stoff aus Seilen.
Heinrich Seidel

Maikäfer, Maikäfer flieg nach Haus.
Das Haus steht in Flammen,
die Kinder sind raus,
gerettet von Klaus.

Abends, wenn die Grillen singen,
wenn die Lampe düster schwelt,
hör ich gern von Spukedingen,
was die Tante mir erzählt.

Wie es klopfte in den Wänden,
wie der alte Schrank geknackt,
wie es einst mit kalten Händen
Mutter Urschel angepackt.

Wie man oft ein leises Jammern
grad um Mitternacht gehört,
oben in den Bodenkammern.

Doch erzählt sie gar das Märchen
von dem Geiste ohne Kopf,
dann erhebt sich jedes Härchen
schaudernd auf dem Kopf.

Wilhem Busch

Heile, heile Segen, sieben Tage Regen,
sieben Tage Sonnenschein, wird alles wieder heile sein.
Heile, heile Segen, sieben Tage Regen,
sieben Tage Schnee,
tut dem Kind schon nichts mehr weh.

Pferdchen, Pferdchen lauf Galopp.
Lass uns hören dein clippeti-clop.
Die Räder geh´n rund,
die Peitsche knallt bunt.
Herrlich ist es im grünen Wald.
Wartet, wir kommen bald.

Auf einem Gummi-Gummi-Berg,
da wohnt ein Gummi-Gummi-Zwerg.
Der Gummi-Gummi-Zwerg
hat eine Gummi-Gummi-Frau.
Die Gummi-Gummi-Frau
ha ein Gummi-Gummi-Kind.
Das Gummi-Gummi-Kind
hat ein Gummi-Gummi-Kleid.
Das Gummi-Gummi-Kleid
hat ein Gummi-Gummi-Loch.
Du bis es doch!

Hannes, der kann es.
Küsste die Mädchen
und machte sie schreien.
Sie liefen von dannen,
ließen Hannes allein.

Es war einmal ein König,
der hatte einen Floh,
den liebte er nicht wenig,
wie seinen eignen Sohn.
Da rief er seinen Schneider,
der Schneider kam heran:
„ Mess dem Floh Kleider
und mess ihm Hosen an!“

In Sammet und in Seide
war er nun angetan,
und war sogleich Minister
mit Orden und mit Stern.

Die Herrn und Fau am Hofe,
waren nun sehr geplagt,
die Königin, die Zofe
gestochen und benagt.
Goethe

Ein, zwei, drei,
du bist frei.
Vier fünf sechs
nah ist die Hex.
Sieben acht neun,
du musst sein.

Durch den Schornstein mit Vergnügen
sehen Max und Moritz Hühner liegen,
die schon ohne Kopf und Gurgeln
lieblich in der Pfanne schmurgeln.
Eben geht mit einem Teller
Witwe Bolte in den Keller,
dass sie von dem Sauerkohle
eine Portion sich hole.
Unterdessen auf dem Dache
ist man tätig bei der Sache.
Max hat schon mit Vorbedacht
eine Angel mitgebracht.
Schwupdiwup! Da wird nach oben
schon ein Huhn heraufgehoben.
Schwupdiwup! Jetzt Nummro zwei;
Schwupdiwup! Jetzt Nummro drei;
Und jetzt noch Nummro vier:
Schwupdiwup! Dich haben wir!
Na! Das wird Spektakel geben,
denn Frau Bolte kommt soeben.
Angewurzelt stand sie da,
als sie nach der Pfanne sah.
Alle Hühner waren fort.
Max und Moritz im Verstecke

schnarchen satt schon an der Hecke.
Und vom ganzen Hühnerschmaus
guckt nur noch ein Bein heraus.
Wilhem Busch

Storch, Storch, Klappermann,
hat ein schwarzweiß Röckchen an.
Steht auf unserem Scheunendach
und klappert alle wach.
Was hat er denn zu klappern,
mit seiner Frau zu plappern?

Ja, von den grünen Wiesen,
wo die Bäche fließen,
von den grünen Schlupfen,
wo die Frösche hupfen.
Victor Blüthgen

Da war eine Mutter,
die lebte im Schuh.
Sie hatte vier Kinder
und einen Mann dazu.
Mal gab´s was zu essen,
mal gab es rein nichts.
Was sollte sie machen?
Da war nichts zum Lachen!

Die Libellen hüpfen kreuz und quer
auf Quellen und den Bächen hin und her.

Schwirrend schweben sie
im Sonnenglanz.
Ihr Leben ist ein Reigentanz.

Sie nähren sich vom Sonnenlicht,
wünschen, hoffen weiter nichts.
Hofmman v.Fallersleben

Jack und Luise
gingen zur Wiese,
zum Brunnen ganz nah.
Kein Wasser war da!
Sie gingen dann weiter,
holten die Leiter.
Sprangen ins Stroh
und waren froh.

Ein Huhn, das fraß,
man glaubt es kaum,
die Blätter von ´nem Gummibaum,
dann ging es in den Hühnerstall
und legte dort nen Gummiball!

Wenn spazieren geht der Reiher,
denkt er über manches nach:
Ob sich´s besser fischt am Weiher
oder besser noch am Bach.

Endlich hat er sich entschlossen,
geht zum Weiher hin und fischt.
Und da weilt er unverdrossen
bis er einen Fisch erwischt.
Hoffmann v.Fallersleben

Hopplapop war ein Ei.
Es saß auf der Mauer
bis zum Hahnenschrei.
Dann fiel es hinunter
und brach entzwei.
Keiner konnt es retten,
das Hopplapop -Ei.

Sieh einmal, hier steht er:
Pfui! Der Struwwelpeter.
An den Händen beiden,
ließ er sich nicht schneiden
seine Nägel fast ein Jahr.
Kämmen ließ er nicht sein Haar,
das war gar nicht wunderbar.

Heinrich Hoffmann

Paul ging im Regen,
denn man soll sich bewegen.
Eine Pfütze, recht groß
machte nass seine Hos.

Tom war des Flötisten Sohn.
Zu spielen früh, er lernte schon.
Er konnte nur spielen
ein kleines Lied
„Leute, Leute haltet den Dieb!“

Guten Morgen , Frau Huhn!
Guten Morgen, Herr Hahn!
„Was gedenken Sie zu tun?“
„Das geht Sie nichts an!“

„Wollen wir nicht promenieren?“
„Nein, ich kann allein spazieren.“
„Haben Sie nicht gut geruht?
Oder bring ich Sie in Wut?“
„Bei Ihnen verlier ich jeden Mut,
machen Sie es gut!“
Gustav Falke

Pussy-cat, Pussy-cat
wo warst du gewesen?
Ich war mal kurz zur Königin.
Sie hatte Mäuse, wie mir schien.

„Meine Mutter schickt mich her,
ob der Kaffee fertig wär?“
„Sag ein schönes Kompliment,
doch der Kaffee ist verbrennt.
Die Milch ist aus dem Topf gelaufen,
was drin blieb, tut die Katze saufen.“

Paulinchen war allein
zu Haus.
Die Eltern waren beide
aus.
Da sah sie plötzlich vor
sich stehen
ein Feuerzeug, nett an-
zusehen.
Ich zünde nur ein Hölz-
chen an,
wie´s oft die Mutter hat
getan.

Das Hölzchen brennt
gar hell und licht,
die Katzen rufen:
„Nicht, nicht!"
Es flackert lustig, knis-
tert laut.

Die Katzen heben ihre
Tatzen.
Sie drohen mit den
Pfoten:
„Die Mutter hat´s ver-
boten."

Da besinnt sich das
Kind
und löscht die Flamme
ganz geschwind.

Ich bin ein altes Krokodil.
Ich leb dahin, ruhig und still.
Mal im Wasser, mal zu Land,
gern am Ufer im warmen Sand.

Ruhig ist mein Lebenslauf.
Was übern Weg mir läuft,
dass fress ich auf.

Schon hundert Jahre leb ich jetzt
und wenn ich sterben muss zuletzt,
leg ich mich ruhig ins Schilf hinein
und sterbe im Abendsonnenschein.
Franz Graf Pocci

Wir haben Hunger, Hunger, Hunger.
Wir haben Durst.
Wo bleibt das Essen, Essen, Essen,
wo bleibt die Wurst?
Wenn wir nichts kriegen, kriegen, kriegen,
fressen wir Fliegen, Fliegen, Fliegen!

Hast gegessen?
Nein, vergessen!
Geh ins Bett,
sei so nett.

Hat der alte Hexenmeister
sich doch einmal wegbegeben!
Und nun sollen seine Geister
auch nach meinem Willen leben.
Seine Wort und Werke
merkt ich und den Brauch,
und mit Geistesstärke
tu ich Wunder auch.

Walle! walle,
manche Strecke,
dass, zum Zwecke,
Wasser fließe
und mit reichem, vollem Schwalle
zu dem Bade sich ergieße.

Und nun komm, du alter Besen!
Nimm die schlechten Lumpenhüllen;
bist schon lange Knecht gewesen:
nun erfülle meinen Willen!
Auf zwei Beinen stehe,
oben sei ein Kopf,
eile nun und gehe
mit dem Wassertopf!

Seht, er läuft zum Ufer nieder.
Wahrlich, ist schon an dem Flusse,
und mit Blitzesschnelle wieder
ist er hier mit raschem Gusse.
Schon zum zweiten Male!
Wie das Becken schwillt!
Wie sich jede Schale
voll mit Wasser füllt!

„Stehe! stehe!
Denn wir haben
deiner Gaben
vollgemessen!“
Ach, ich merk es! Wehe! wehe!
Hab ich doch das Wort vergessen!

Ach, das Wort, worauf am Ende
er das wird, was er gewesen.
Ach, er läuft und bringt behende!
Wärst du doch der alte Besen!
Immer neue Güsse
bringt er schnell herein.
Ach! und hundert Flüsse

stürzen auf mich ein.

Nein, nicht länger
kann ichs lassen; will ihn fassen.
Das ist Tücke!
Ach, nun wird mir immer bänger!
Welche Miene! Welche Blicke!

O du Ausgeburt der Hölle!
Soll das ganze Haus ersaufen?
Seh ich über jede Schwelle
doch schon Wasserströme laufen.
Ein verruchter Besen,
der nicht hören will!
Stock, der du gewesen,
steh doch wieder still!

Willst am Endc
gar nicht lassen?
Will dich fassen,
will dich halten
und das alte Holz behende
mit dem scharfen Beile spalten.

Seht da kommt er schleppend wieder!
Wie ich mich nun auf dich werfe,
gleich, o Kobold, liegst du nieder;
krachend trifft die glatte Schärfe.
Wahrlich, brav getroffen!
Seht, er ist entzwei!
Und nun kann ich hoffen,
und ich atme frei!

Wehe! wehe!
Beide Teile
stehn in Eile
schon als Knechte
völlig fertig in die Höhe!
Helft mir, ach, ihr hohen Mächte!

Und sie laufen! Nass und nässer
wirds im Saal und auf den Stufen.
Welch entsetzliches Gewässer!
Herr und Meister, hör mich rufen!
Ach, da kommt der Meister!
Herr, die Not ist groß!
Die ich rief, die Geister
werd ich nun nicht los.

„In die Ecke,
Besen, Besen!
Seids gewesen.
Denn als Geister
ruft euch nur zu seinem Zwecke,
erst hervor der alte Meister.“
Goethe

Auf unsrer Wiese gehet was,
watet durch die Sümpfe.
Es hat ein schwarz-weiß Röcklein an
und trägt rote Strümpfe.
Fängt die Frösche schnapp, schnapp, schnapp.
Klappert lustig, klapperdiklapp.

Auf der schwäbsche Eisebahne gibt's gar viele Haltstatione.
Stuttgart, Ulm und Biberach, Meckebeure, Durlesbach.
Trula trula trulala, trula trula trulala.

Auf der schwäbsche Eisebahne gibt's au viele Restratione,
wo ma esse, trinke ka, alles was der Mage ma.

Auf der schwäbsche Eisebahne dürfet Kuh und Öchsle fahre.
Bube, Mädle, Weib und Ma, kurzum älls, was zahle ka.

Brüderchen komm tanz mit mir, beide Hände reich ich dir.
Einmal hin, einmal her, rundherum das ist nicht schwer.

Mit den Händen klipp, klipp, klapp,
mit den Füßen tripp, tripp, trapp.
Einmal hin, einmal her, rundherum das ist nicht schwer.

Die Blümelein sie schlafen.
schon längst im Mondenschein.
Sie nicken mit den Köpfchen.
auf ihren Stängelein.
Es rüttelt sich der Blütenbaum.
Er säuselt wie im Traum.
Schlafe, schlafe, schlafe.
Schlaf mein Kindlein,
schlaf ein.

Die Vögelein sie sangen.
so süß im Sonnenschein.
Sie sind zur Ruh gegangen,
in ihre Nestchen klein.

Sandmännchen kommt geschlichen
und guckt durch‘s Fensterlein.
Ob irgendwo ein Kindchen
nicht mag zu Bette sein.
Und wo er noch ein Kindchen fand,
streut er ins Aug‘ den Sand.

Heut kommt der Hans zu mir,
freut sich die Lies.
Ob er aber über Oberammergau
oder aber über Unterammergau
oder aber überhaupt nicht kommt,
das ist nicht g‘wiß.

Da hast ‘nen Taler
geh auf den Markt,
kauf dir ‘ne Kuh
und ein Kälbchen dazu.
Das Kälbchen hat ein Schwänzchen,
dideldidel-dänzchen.

Drei Chinesen mit dem Kontrabass
saßen auf der Straße und erzählten was.
Da kam die Polizei: „Ja was ist das?“
„Drei Chinesen mit dem Kontrabass.“

Zehn kleine Zappelmänner zappeln hin und her,
zehn kleinen Zappelmännern fällt das gar nicht schwer.
Zehn kleine Zappelmänner zappeln auf und nieder,
zehn kleine Zappelmänner tun das immer wieder.
Zehn kleine Zappelmänner zappeln ringsherum,
zehn kleine Zappelmänner, die sind gar nicht dumm.
Zehn kleine Zappelmänner spielen gern Versteck,
zehn kleine Zappelmänner sind auf einmal weg.
Zehn kleine Zappelmänner sind nun wieder da,
zehn kleine Zappelmänner rufen laut: Hurra!

Es war einmal ein Mann,
der hatte sieben Kinder.
Die Kinder sprachen:
„Vater,
erzähl uns eine Geschichte.“
Da fing der Vater an:
„Es war einmal ein Mann,
der hatte sieben Kinder …“

Ein Mann, der sich Kolumbus nannt‘
war in der Schifffahrt wohl bekannt.
Es drückten ihn die Sorgen schwer.
Er suchte neues Land im Meer.

Als er am Morgen Kaffee trank,
da rief er fröhlich „Gott sei Dank!“
Denn schnell kam mit der ersten Bahn
der spanische König zu ihm an.

Kolumbus sprach er: „Lieber Mann,
du hast schon manche Tat getan.
Es fehlt noch unsrem Gloria,
Amerika.“

Gesagt, getan, ein Mann, ein Wort !
Am selben Tag fuhr er noch fort.
Und eines Morgen schrie er: „Land!
Wie deucht mir alles so bekannt.“

Das Volk an Land stand stumm und zag.
Da sagt Kolumbus: „Guten Tag!“
„Ist hier vielleicht Amerika?“
Da schrien alle Wilden „Ja“.

Es klappert die Mühle
am rauschenden Bach, klipp klapp.
Bei Tag und bei Nacht
ist der Müller stets wach, klipp klapp.
Er mahlet uns Korn zum kräftigen Brot
und haben wir solches,
dann hat's keine Not.

Flink laufen die Räder
und drehen den Stern, klipp klapp.
Und mahlen den Weizen zu Mehl
uns so fein, klipp klapp.
Der Bäcker dann Zwieback
und Kuchen draus bäckt,
der immer den Kindern
besonders gut schmeckt.

Wenn reichliche Körner
das Ackerfeld trägt, klipp klapp.
Die Mühle dann flink
ihre Räder bewegt, klipp klapp.
Und schenkt uns der Himmel
nur immer das Brot,
so sind wir geborgen
und leiden nicht Not.

„Gretel, Pastetel, was machen die Gäns?“
„Sie sitzen im Wasser und waschen die Schwänz.“

„Gretel, Pastetel, was macht eure Kuh?“
„Sie stehet im Stalle und macht immer Muh.“

„Gretel, Pastetel, was macht euer Hahn?“
„Er sitzt auf der Mauer und kräht, was er kann.“

„Gretel, Pastetel, was macht euer Huhn?“
„Es gackert und gackert, hat sonst nichts zu tun.“

„Gretel, Pastetel, was macht euer Schwein?“
„Es wälzt sich im Dreck und findet das fein.“

Pinke-pank,
der Schmied ist krank.
Wo soll er wohnen?
Unten oder oben?
Pinke-pank,
wo steht der Schrank?

Klinker, Klunker, klei.
lieb Hühnchen,
leg ein Ei.

Hänsel und Gretel verliefen sich im Wald.
Es war finster und auch bitter kalt.
Sie kamen an ein Häuschen
von Pfefferkuchen fein.
Wer mag der Besitzer
von diesem Häuschen sein?

Hu, hu! Da schaut eine Hexe raus.
Sie lockt die Kinder ins Pfefferkuchenhaus.
Sie stellte sich gar freundlich.
O Hänsel, welche Not!
Sie wollt‘ dich braten im Ofen, braun wie Brot.

Doch als die Hexe zum Ofen schaut‘ hinein,
ward sie gestoßen von unserm Gretelein.
Die Hexe mußte braten,
die Kinder gehn nach Haus.
Nun ist das Märchen
von Hans und Gretel aus.

Tiere laufen hopp, hopp, hopp,
laufen immer im Galopp.
Laufen in den Stall hinein,
denn es wird bald Abend sein.

„Widewidewenne“ heißt meine Puthenne.
„Kann nicht ruhn“, heißt mein Huhn.
„Wackelschwanz“, heißt meine Gans.

„„„Schwarz-und-weiß“, heißt meine Geiß,
„Treibe-ein“, heißt mein Schwein.
„Ehrenwert“, heißt mein Pferd,
„Gute-Muh“, heißt meine Kuh.

„Wettermann“, heißt mein Hahn.
„Kunterbunt“, heißt mein Hund.
„Guck-heraus“, heißt mein Haus.
„Schlupf-hinaus“, heißt die Maus.

„Wohlgetan“, heißt mein Mann,
„Sausewind“, heißt mein Kind.

Auf dem Apfelbaum ein Nest.
Vögel schlafen fest.
Katze klettert auf dem Baum,
weckt die Vögel aus dem Traum.
Doch sie fliegen wie der Wind
fort aus ihrem Nest geschwind.

Hallo Kathreinerle, schnür dir die Schuh,
schürz dir dein Röckele, gönn' dir kein Ruh.
Didel, dudel, dadel, schrumm,
geht schon der Hopser rum.

Dreh wie ein Rädele flink dich im Tanz.
Fliegen die Zöpfe, wirbelt der Kranz.
Dreh dich, mein Mädel, im festlichen Glanz.

Heute heißt's lustig sein, morgen ist's aus.
Gehen die Lichter aus, gehn wir nach Haus.

Im Frühtau zu Berge wir gehn, fallera,
es grünen die Wälder, die Höhn, fallera.
Wir wandern ohne Sorgen, singend in den Morgen
noch eh im Tale die Hähne krähn.

Werft ab alle Sorgen und eure Qual,
und wandert mit uns aus dem Tal.
Wir sind gegangen, den Sonnenschein zu fangen.
Kommt und versucht es doch selbst einmal.

Rummel, rummel, doria
rate mal, was steht denn da?

In der Küche auf dem Tisch
steht die süße Milch, ganz frisch.
Kätzchen will sich daran laben,
von der Milch will sie was haben.
Kommt und steckt ihren Kopf
in den kleinen Topf.

Fünf bauten ein Haus.
Der eine trug Steine,
der andere siebte den Sand,
der Dritte setzte die Ziegel
und baute die Wand.

Der Vierte verputzte
die Wand mit Zement,
der Fünfte war Lehrling,
Bauen nicht sein Ding.

Sie setzten das Dach
auf das Haus
und schauten
aus den Fenstern raus.

Wer will fleißige Handwerker sehn,
der muß zu uns Kindern gehn.

Stein auf Stein,
das Häuschen wird bald fertig sein.

O wie fein,
der Glaser setzt die Scheiben ein.

Tauchet ein,
der Maler streicht die Wände fein.

Zisch, zisch, zisch,
der Schreiner hobelt glatt den Tisch.

Poch, poch, poch,
der Schuster schustert zu das Loch.

Stich, stich, stich,
der Schneider näht ein Kleid für mich.

Tripp, trapp, drein,
jetzt gehn wir von der Arbeit heim.

Zeigt her eure Füße, zeigt her eure Schuh
und sehet den fleißigen Waschfrauen zu.
Sie waschen, sie waschen den ganzen Tag.
Sie winden, sie winden den ganzen Tag.
Sie hängen, sie hängen den ganzen Tag.
Sie legen, sie legen den ganzen Tag.
Sie rollen, sie rollen den ganzen Tag.
Sie bügeln, sie bügeln den ganzen Tag.
Sie klatschen, sie klatschen den ganzen Tag.
Sie ruhen, sie ruhen den ganzen Tag.
Sie tanzen, sie tanzen den ganzen Tag.

Das ist der Daumen Knudeldick,
das sieht man auf den ersten Blick.
Und macht das Kind ein Fäustchen,
kriecht Knudeldick ins Häuschen.
Der Zeigefinger, der ist klug,
der droht, wenn jemand Böses tut.
Der Dritte ist der größte hier,
viel länger als die anderen vier.
Der Vierte ist ein eitles Ding,
der trägt am liebsten einen Ring.
Von allen Fingern kommt zum Schluss
der kleine Pfiffikus.

Will ich in mein Gärtchen gehn,
will mein Zwieblein gießen.
Steht ein Zwerglein da,
fängt gleich an zu niesen.

Will ich in mein Küchel gehn,
will mein Süpplein kochen.
Steht ein Zwerglein da,
hat mein Töpflein brochen.

Will ich in mein Stüblein gehn,
will mein Müslein essen.
Steht ein Zwerglein da,
hat's schon aufgegessen.

Will ich auf mein Boden gehn,
will mein Hölzlein holen.
Steht ein Zwerglein da,
hat es schon gestohlen.

Will ich in mein Keller gehn,
will mein Saftlein zapfen.
Steht ein Zwerglein da,
tut den Krug wegschnapfen.

Setz ich mich ans Rädlein hin,
will mein Fädlein drehen.
Steht ein Zwerglein da,
lässt das Rad nicht gehen.

Geh ich in mein Kämmerlein,
will mein Bettlein machen.
Steht ein Zwerglein da,
fängt gleich an zu lachen.

Zehn Finger haben wir
an beiden Händen hier.
Seht wie sie fröhlich sind,
spielen gern mit jedem Kind,
beugen sich und strecken sich
und sind immer freundschaftlich.
Legen schon mal Hand in Hand,
falten sich sehr elegant.

Es regnet ganz sacht,
schon die ganze Nacht.
Jetzt regnet es sehr,
gleich regnet es mehr.
Es donnert und blitzt,
das Kindchen, das flitzt
hinein in das Haus,
dann schaut es heraus.

Die Blumen, sie schlafen,
schon längst im Mondenschein.
Sie nicken mit den Köpfen
auf ihren Stängelein.
Es rüttelt sich der Blütenbaum.
Er säuselt wie im Traum.
Schlafe Du,
Kind schlaf ein.

Die Vögel, sie sangen
so süß im Sonnenschein.
Sie sind zur Ruh gegangen,
in ihre Nestern klein.
Die Grille in dem Ährengrund,
sie tut allein sich kund.
Schlafe Du,
Kind schlaf ein.

Sandmännchen kommt geschlichen
und guckt durch's Fenster rein,
ob irgendwo ein Kindchen
nicht mag im Bette sein.
Und wo er noch ein Kindchen fand,
streut er ins Auge Sand.
Schlafe Du,
Kind schlaf ein.

Ein schönes Land in dieser Zeit,
das unsre hier, weit und breit,
wo wir uns finden,
wohl unter Linden,
zur Abendzeit.

Hier haben wir so manche Stund
gesessen da, in froher Rund
und taten singen;
die Lieder klingen
im Eichengrund.

Und hier in diesem Tal
treffen wir uns noch viele Mal.

Nun, Brüder, eine gute Nacht,
der Himmel über uns hält Wacht.

Das Krokodil,
das frisst sehr viel.
Döst lange wie im Traum,
liegt reglos wie ein Baum.
Dann schnappt es zu,
vorbei die Ruh,
lauf schnell nur weg.
O Schreck! O Schreck!

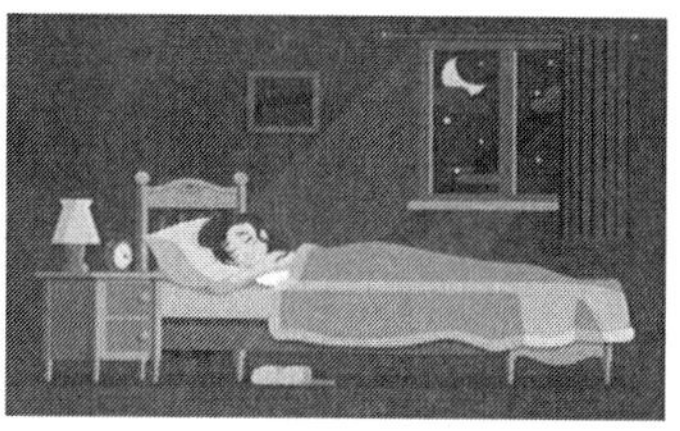

Müde bin ich geh zur Ruh,
schließe meine Auge zu.
Vater laß die Augen dein
über meinem Bette sein.

Hab ich Unrecht heut getan,
verzeih es mir.
Rechne es nicht an.

Kranken Herzen sende Ruh,
nasse Augen schließe zu;
lass den Mond am Himmel stehn
und die stille Welt besehn.

Das kleine Däumelein
ist mein kleines Schwein.
Zeigefinger ist der Bock
mit dem langen Zottelrock.
Mittelfinger ist die Kuh,
die im Stall ruft muh, muh.
Ringfinger ist das Steckenpferd,
vom Reiter sehr begehrt.
Und das kleine Fingerlein
soll mein braves Lämmchen sein.

Fröhliche Weihnacht überall!
Tönt durch die Lüfte froher Schall.
Weihnachtston, Weihnachtsbaum,
Weihnachtsduft in jedem Raum.

Kling, Glöckchen, klingelingeling,
kling, Glöckchen, kling!
Lasst mich ein ihr Kinder,
ist so kalt der Winter.
Öffnet mir die Türen,
lasst mich nicht erfrieren.
Kling, Glöckchen, klingelingeling,
kling, Glöckchen, kling!

Mädchen hört und Buben,
macht mir auf die Stuben,
bring‘ euch milde Gaben,
sollt euch dran laben.

Alle Jahre wieder
kommt Heilig Abend
wieder,
wo wir Menschen sind.
Bringt uns seinen Segen
ein in jedes Haus,
scheuet keine Wege.

Lasst uns froh und munter sein
und uns recht von Herzen freun.
Lustig, lustig, trallala,
bald ist Niklausabend da.

Dann stell‘ ich den Teller auf,
Niklaus legt gewiss was drauf.

Wenn ich schlaf, dann träume ich:
Jetzt bringt Niklaus was für mich.

Wenn ich aufgestanden bin,
lauf ich schnell zum Teller hin.

Niklaus ist ein guter Mann,
dem man gerne danken kann.

O Tannenbaum, o Tannenbaum,
wie grün sind deine Blätter!
Du grünst nicht nur zur Sommerzeit,
nein auch im Winter, wenn es schneit.
O Tannenbaum, o Tannenbaum,
wie grün sind deine Blätter!

Morgen Kinder wird‘s was geben.
Morgen werden wir uns freun.
Welch ein Jubel, welch ein Leben
wird in unser‘m Hause sein.
Einmal werden wir noch wach.
Heißa, dann ist Weihnachtstag.

Wie wird dann die Stube glänzen
von der großen Lichterzahl,
schöner als bei frohen Tänzen
ein geputzter Kronensaal.
Wisst ihr noch vom vor‘gen Jahr,
wie‘s am Weihnachtsabend war?

Welch‘ ein schöner Tag ist morgen!
Viele Freuden hoffen wir;
uns‘re lieben Eltern sorgen
lange, lange schon dafür.
O gewiss, wer sie nicht ehrt,
ist der ganzen Lust nicht wert!

O Tannenbaum, o Tannenbaum,
du kannst mir sehr gefallen!
Wie oft hat schon zur Weihnachtszeit
ein Baum von dir mich hocherfreut!

Morgen kommt der Weihnachtsmann,
kommt mit seinen Gaben.
Bunte Lichter, Silberzier,
Kind mit Krippe, Schaf und Stier,
Zottelbär und Panthertier,
möcht ich gerne haben.

Bring uns lieber Weihnachtsmann,
bring auch morgen,
eine schöne Eisenbahn,
Bauernhof mit Huhn und Hahn,
einen Pfefferkuchenmann,
lauter schöne Dinge.

Advent, Advent,
ein Lichtlein brennt!
Erst eins, dann zwei,
dann drei, dann vier,
der Weihnachtsmann
ist vor der Tür.

Von draußen vom Walde komm ich her;
ich muß euch sagen, es weihnachtet sehr!
Allüberall auf den Tannenspitzen
sah ich goldene Lichter sitzen;
und droben aus dem Himmelstor
sah mit großen Augen das Christkind hervor.
Und wie ich so ging durch den finsteren Tann,
da rief's mich mit heller Stimme an:
„Knecht Ruprecht", rief es, „alter Gesell,
hebe die Beine und spute dich schnell!
Die Kerzen fangen zu brennen an,
das Himmelstor ist aufgetan,
Alt und Jung sollen nun
von der Jagd des Lebens ruhn."

Theodor Storm

Mein Püppchen, das lieb ich.
Ich näh ihm ein Kleid,
das darf nicht zu eng sein
und auch nicht zu weit.

Ich wasche die Hemdchen
und Strümpfchen ihm rein.
Dann koch ich ein Süppchen
und wiege es ein.

Lieber, guter Weihnachtsmann
zieh die langen Stiefel an,
kämme deinen weißen Bart,
mach‘ dich auf die Weihnachtsfahrt.

Komm‘ doch auch in unser Haus,
packe die Geschenke aus.
Ach, das Sprüchlein wolltest du?
Ja, ich kann es, hör mal zu:

„Lieber, guter Weihnachtsmann,
guck mich nicht so böse an.
Stecke deine Rute ein,
will auch immer artig sein!“

Lieber, guter Weihnachtsmann
schenk mir einen Schokoladenmann.
Nicht zu groß und nicht zu klein,
nur lecker soll er sein.

Unter der Erde vom Schnee bedeckt
hat sich das Schneeglöckchen versteckt.
Da scheint die Sonne und es regnet sacht,
da hat das Schneeglöckchen gedacht:
Auf der Erde ist Sonnenschein,
da will auch ich nun sein.

Diese lustgen kleinen Zwerge
aus dem Tannenberge
wollen heut spazieren gehen,
denn die Sonne scheint so schön.
Pax und Pox und Putzlepitze
wackeln mit der Zipfelmütze.

Hab ein Beet im Garten,
muss es fleißig harken.
Pflanz den Samen ein,
Erde drüber, fein!

Geht dann die Sonne auf,
wärmt das Beet mit ihren Strahlen.
Regentropfen fallen drauf,
wird keimen bald der Samen.

Da erwacht die Pflanze, klein,
streckt die Wurzeln runter,
reckt das Hälmchen in die Höh,
schaut hervor ganz munter.

Immer höher geht es nun,
Sonne lässt es wachsen,
dann die Blüten wunderschön
fangen an zu knospen.

Zwei Mädchen wollten Wasser holen,
zwei Jungens wollten pumpen.
Da guckt ein Mann zum Fenster raus
und sagt: „Halt, ihr Halunken!
Ihr habt die ganze Nacht gepumpt
und hab die Pumpe leer gepumpt,
nun dürft ihr nicht mehr pumpen!“
Dann kam er aus dem Haus heraus,
da rissen alle aus.

Klaus ist in den Wald gegangen,
dort wollt er einen Vogel fangen.
Auf dem Baum ist er gestiegen,
wollte dort den Vogel kriegen.

In dem Neste sitzt die Alte,
schaut durch des Nestens Spalte.
Zwitschert laut: „ Das ist der Klaus!“
Nichts wie weg, husch, husch.“
Leer das Nest und leer der Busch.

Klaus ist wieder heimgegangen,
konnte keinen Vogel fangen.

Ich kenne drei Karnickel,
das sind fidele Zwickel.

Der Erste heißt Karnackel,
hat Ohren wickel-wackel.
Der Zweite heißt Karnockel,
hat um den Hals ne Glocke.
Der Dritte heißt Karnuckel,
hat einen krummen Buckel.
Nickel, nackel, nuckel, neck,
den Stall mach zu,
sonst sind sie weg.

Es regnet, das ist gar nicht nett,
da bleibe ich doch gleich im Bett.

Wenn es regnet ist das traurig,
nein, schlimmer, es ist schaurig.

Hat ne Schnauze, keinen Mund.
Ihr habt Recht, das ist ein ...
Hinterm Ofen ist ihr Platz.
Ihr wisst es schon, es ist die .....

Vater Hahn, ein stolzer Mann
schreitet stets allein voran.
Ruft am Morgen in der Früh
sein überlautes „Kikeriki!“
In der Ecke ganz allein,
spielen heut die Küken fein.
Rufen immer „piep, piep, piep
habt uns lieb!“
Picken so beim Lauf,
viele kleine Körner auf.
Kommt der Abend dann heran,
kommen alle Küken an.
Unter Mutters Flügel fein
schlafen sie in Frieden ein.

Der Himmel ist blau,
das Mäuschen ist ....
Der Fisch ist stumm,
die Gans ist ....
Der Bär, der brummt,
die Biene ....
Das Kind hat eine Mütze,
die Nadel eine ....
Klein ist der Zwerg,
groß ist der ....
Im Stall steht die Kuh,
die macht ....

Er hält sich gern im Garten auf,
dicht beim Kompost und Blätterlaub.
Ist nicht glatt wie ein Spiegel,
stachlich ist er, es ist ein ....

Wer trägt sein Haus
und steckt die Fühler aus?
Wer kommt langsam um die Ecke?
Das ist die ....

Wer kann springen, klettern kratzen?
Hat vier kleine Tatzen!
Das sind ....

Saftig und schmeckt süß,
im Garten findest dies,
es schmeckt, du lobst
das gute ....

Vom Himmel fällt´s
und tut nicht weh,
ist weiß und kalt,
es ist der ....

Register

Bilder
Bildagentur Fotosearch
Adobe stock
Klassische Vorlagen

Text
Klassische und volkstümliche Texte